# feriendo



# aziatische **resorts**

# **hôtels** d'asie

Mommsenstr. 43
D-10629 Berlin

**Übersetzung aus dem Englischen:** Birgit Wüller
**Vertaling uit het Engels:** Geert Lemmens & Gerrit ten Bloemendal
**Traduction de l'anglais:** Aline Weil
**Typesetting of the trilingual edition:** adHOC Laureck & Beuster oHG

**Author:** Tan Hock Beng
**Photographer:** Tan Hock Beng (unless otherwise stated)

**Editorial director:** Kelley Cheng
**Art director:** Jacinta Neoh
**Sub-editors/writers:** Hwee-Chuin Ang & Narelle Yakuba
**Graphic designers:** Chai-Yen Wong & Sharn Selina Lim

**Colour separation:** SC Graphic Technology Pte Ltd

Asian Resorts
First published in Singapore in 2003
by Page One Publishing Private Limited

Printing and Binding: Stampa Nazionale s.r.l., Italy

Printed in Italy
ISBN 3-936761-23-X
36 07017 1

# **feriendomizile** in asien

# aziatische **resorts**

# **hôtels** d'asie

Feierabend

# inhalt
# inhoud
# sommaire

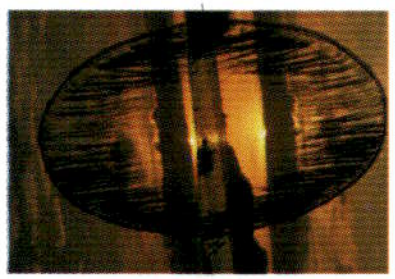

# inhalt
# inhoud
# sommaire

# einleitung
# inleiding
# introduction

Die Ferienindustrie im tropischen Asien hat eine Architektur hervorgebracht, die zu einer der ausdrucksstärksten weltweit zählt. Asien ist nicht nur eine der kulturell reichhaltigsten Region der Welt, es besitzt darüber hinaus außergewöhnliche Landschaften und überwältigende Naturformationen – Faktoren, die diese Region zum Reiseziel Nummer Eins gemacht haben. Gelungen konzipierte Feriendomizile von schlichter Eleganz, vollendeter Handwerkskunst und stimmungsgelandener Ausstrahlung herrschen vor. Geprägt von einer Respektierung der klimatischen Verhältnisse und inspiriert von dem reichen kulturellen Erbe sowie den noch unberührten Landstrichen bringen diese Bauwerke ein feinfühliges Gespür und eine tiefe Würdigung der natürlichen und kulturellen Determinanten zum Ausdruck. Die Mischung von modernen Strömungen, wie dem Minimalismus, mit abstrakten Elementen des traditionellen Designs hat einen unverwechselbaren Stil hervorgebracht, der von globaler und lokaler Anziehungskraft ist. Die Tourismusbranche hat erfolgreich eine neue Nische durch Vermarktung des «Konzepts von Authentizität» ausgebaut: Dem Touristen wird es dadurch ermöglicht, ein deutlich besseres Gespür für die Kultur zu entwickeln und sich in ihr angemessen zu bewegen. Architekten dieser stilvollen Gebäude haben damit ein architektonisches Ensemble geschaffen, das von einer sinnlichen Verfeinerung und einem sicheren Gespür für den jeweiligen Platz zeugt. Luxus wird neu definiert durch einen Sinn für die Fühlbarkeit und die Ruhe. Feriendomizile sind eine einzigartige Einheit von Landschaft und Architektur – von Empathie und Resonanz –, die den Bewohner und Besucher fest mit dem Flair des Platzes verankern.

Der Inhalt des Buches versteht sich als Schaufenster traditioneller Architektur wie auch zeitgenössischer Projekte, die ihre Inspiration aus der Vergangenheit schöpften. Es ist kein umfassender Führer zur südostasiatischen Architektur; vielmehr verfolgt es die Absicht, ausgewählte Beispiele vorzustellen und die Atmosphäre der Tropen zu vermitteln. Ein kursorischer Blick bietet dem Leser endloses Vergnügen.

Tan Hock Beng | Singapur, September 2002

De toeristenindustrie van Zuidoost-Azië is ook in architectonisch opzicht een van de meest levendige en spannendste ter wereld. Niet alleen bezit Azië een schat aan culturele erfgoederen, het heeft ook fantastische landschappen en natuurlijke rijkdommen – twee factoren die het gebied tot een van de belangrijkste toeristische bestemmingen van onze tijd hebben gemaakt. De zogenaamde «resorts», een verzamelwoord voor diverse soorten vakantieverblijven waaronder hotels, ontspanningsoorden en privé-domeinen, zijn vaak opgetrokken uit eenvoudige en inheemse materialen, waarbij veel traditioneel vakmanschap is toegepast. De warme uitstraling van deze bouwstijlen is alomtegenwoordig in Azië. De ontwerpers baseren zich daarbij op hun respect voor het tropische klimaat, besef van het culturele erfgoed en oog voor de nog vaak ongerepte locaties. Resultaat: de resorts stralen poëzie en harmonie uit. De mix van meerdere ontwerptrends, zoals het minimalisme – met abstracte elementen uit verschillende ontwerptradities – heeft geresulteerd in een unieke stijl die mensen overal ter wereld aanspreekt. De toeristenindustrie bracht enige tijd geleden met veel succes het «authenticiteitsconcept» op de markt. Deze vakantieformule biedt toeristen de mogelijkheid hun vakantie door te brengen op plaatsen die «cultuurbewuster» en «politiek correct» zijn. Architecten hebben speciaal daarvoor uiterst smaakvolle resorts ontworpen, die vaak een harmonie vormen met de locatie. Het concept van luxe is door hen opnieuw gedefinieerd, en staat hier in het teken van niet-tastbare elementen zoals rust en ontspanning. Deze resorts zijn unieke combinaties van landschap en architectuur, van invoelingsvermogen en weerklank. Ze brengen de bewoners op poëtische wijze in contact met de omgeving.

De inhoud van dit boek toont zowel traditionele resorts alsook moderne, die hun inspiratie overigens ook uit het verleden halen. Dit boek is een uitputtende gids noch een overzichtswerk van de architectuur van Zuidoost-Azië. Wel biedt het de lezer een reeks van representatieve voorbeelden. Daarnaast wil het aan de hand van een weldoordachte selectie de sfeer van de tropen voelbaar maken. Een vluchtige blik kan soms eindeloos plezier opleveren...

Tan Hock Beng | Singapore, september 2002

L'industrie hôtelière de l'Asie tropicale a su mettre en valeur un des plus beaux patrimoines architecturaux de la terre. L'Asie est non seulement une des régions du monde dotée d'une culture des plus riches, elle jouit aussi de paysages exceptionnels et de sites naturels stupéfiants – des facteurs qui ont fait de cette région une destination touristique majeure. Les hôtels bien conçus et basés sur des matériaux simples, un artisanat consommé et des ambiances évocatrices, se multiplient. Fondés sur le respect du climat tropical, du patrimoine culturel et des sites préservés, ces édifices traduisent une compréhension poétique et une fine appréciation des déterminants naturels et culturels. Le mélange des genres comme l'incorporation d'éléments abstraits des styles traditionnels dans le minimalisme, a crée une facture particulière au charme à la fois local et universel. L'industrie du tourisme a trouvé un nouveau créneau en lançant sur le marché le «concept d'authenticité», qui propose aux touristes des logements de vacances «politiquement corrects» et «respectueux des cultures». Les concepteurs de ces ouvrages de grande classe ont créé un ensemble architectural marqué par un raffinement sensuel et par un sens aigu du site environnant. Redéfini, le concept de luxe met ici l'accent sur la tranquillité et le plaisir tactile. Ces hôtels sont une juxtaposition exceptionnelle de paysages et d'architectures – de résonance et d'empathie –, ancrant leurs visiteurs et leurs habitants dans la poésie des différents sites. Ce livre a pour vocation de montrer en parallèle l'architecture traditionnelle et les projets contemporains inspirés du passé. Il ne cherche pas à offrir un guide exhaustif de l'architecture du Sud-Est asiatique, mais à présenter des exemples sélectifs en communiquant l'atmosphère des tropiques à travers un grand choix de bâtiments. Un rapide coup d'œil offrira au lecteur des plaisirs infinis.

Tan Hock Beng | Singapore, septembre 2002

KOMPOSITION

# formen und fassaden

**Das tropische Haus ist gekennzeichnet durch Höfe, Veranden, schräge Dächer mit weiten Überhängen, einem vorherrschendem Gebrauch von Holz und einer Berücksichtigung ausreichender Schattenplätze sowie guter Luftzirkulation.**

COMPOSITIE

# vormen en façades

**Het tropische huis kenmerkt zich door binnenplaatsen, veranda's, puntdaken met een brede overhang, veelvuldig gebruik van timmerhout en een bewuste omgang met schaduw en ventilatie.**

COMPOSITION

# formes et façades

**La maison tropicale est caractérisée par des cours, des vérandas, des toits en pente aux avancées profondes, par l'usage courant du bois et un souci de l'ombre et de la ventilation croisée.**

Traditionelle Architektur entsprang den Bedürfnissen des Menschen und seiner Beziehung zu Gesellschaft und Umwelt. Südostasien hat schon seit langem eine einzigartige Identität entwickelt und gehört zu den kulturell wertvollsten Gebieten weltwelt. Das heiße und trockene Klima hat seine Kultur und damit auch seine Baustile geprägt.
Klimabedingungen sind die Triebfeder der Sinnlichkeit, die die tropische Architektur ausmacht. Das tropische Haus ist gekennzeichnet durch Höfe, Veranden, schräge Dächer mit weiten Überhängen, einem vorherrschendem Gebrauch von Holz und einer Berücksichtigung ausreichender Schattenplätze sowie guter Luftzirkulation.
In der tropischen Architektur dienen halbdurchlässige Wände dem optimalen Austausch zwischen dem Inneren und dem Äußeren. Anstatt die Bewohner vollständig von der Außenwelt zu isolieren, ermöglichen sie einen unmittelbaren Kontakt mit der Umgebung. Hohe Decken unterstützen darüber hinaus eine gute und effiziente Luftzirkulation. Diese angenehmen Qualitäten bestimmen das lokale Kollektivbewusstsein.
Der Aufschwung der Ferienindustrie hat zahlreiche Nachahmer gefunden, die diese Qualitäten nicht nur aufgreifen, sondern auch Elemente aus der Vergangenheit mit denen anderer Quellen außerhalb ihres kulturellen Kontextes neu kombinieren.

Traditionele architecturen komen voort uit de behoeftes en relaties tussen de mens en zijn maatschappij en omgeving. Zuidoost-Azië ontwikkelde zijn unieke karakter al lang geleden en is een van de rijkste cultuurgebieden ter wereld. Het hete en vochtige klimaat heeft de cultuur hier vormgegeven, en daarmee de manier van bouwen.
Klimatologische factoren vormen de oorsprong van de esthetische kwaliteiten die de tropische architectuur bepalen. Het tropische huis kenmerkt zich door binnenplaatsen, veranda's, puntdaken met een brede overhang, veelvuldig gebruik van timmerhout en een bewuste omgang met schaduw en ventilatie.
In de tropische architectuur versterken dunne of halfporeuze muren en wanden de interactie tussen binnen en buiten. In plaats van de bewoners van de buitenwereld te isoleren, staan ze in indirecte verbinding ermee. Hoge plafonds laten de lucht vrijelijk doorstromen. Al deze unieke kwaliteiten liggen ingebed in het eeuwenoude collectieve bewustzijn van de herkomstplaatsen.
De toename van de toeristenindustrie en de daarmee samenhangende bouw van resorts staan garant voor nieuwe architectonische avonturen. Deze vertonen niet alleen de hierboven genoemde kwaliteiten, maar kenmerken zich bovendien door elementen uit het verleden en uit uitheemse culturen.



L'architecture traditionnelle est née des besoins de l'homme et de ses rapports avec l'environnement et la société. L'Asie du Sud-Est a développé son identité au travers des siècles, formant une des régions les plus culturellement riches du monde. Le climat chaud et humide a façonné sa culture, et partant, modelé la forme de ses bâtiments.
Les facteurs climatiques sont essentiellement à l'origine de la sensualité qui marque l'architecture des tropiques. La maison tropicale se caractérise par des cours, des vérandas, des toits en pente aux avancées profondes, par l'usage courant du bois et un souci de l'ombre et de la ventilation croisée.
Dans l'architecture tropicale, les murs semi-perméables exploitent au maximum l'interface entre l'intérieur et l'extérieur. Au lieu d'isoler les occupants du milieu extérieur, ces murs offrent un contact immédiat avec l'environnement, et de hauts plafonds aident à la libre circulation de l'air. Tous agréments qui contribuent à former la mémoire collective locale.
L'essort du tourisme résidentiel a fait naître des édifices qui possèdent non seulement ces qualités, mais allient des éléments du passé à des composantes d'autres origines en dehors de leur contexte culturel.

«Manche Häuser sind stumm, manche schreien. Andere singen, und wir nehmen den Gesang in uns auf.»

- Christian Norberg Schulz

«Sommige huizen zwijgen, andere schreeuwen. Sommige zingen, en we luisteren naar hun lied.»

- Christian Norberg Schulz

«Certains maisons sont muettes, d'autres crient. D'autres chantent, et nous admirons leur mélodie.»

- Christian Norberg Schulz

Die exakte geometrische Form des Serai, Bali, Indonesien, findet eine gekonnte Balance zwischen Tradition und Moderne.

Den præcise geometriske form er udtryk for en fin balance mellem tradition og modernitet. Serai, Bali, Indonesien.

La forme géométrique précise de l'hôtel Seral, à Bali en Indonésie, est un équilibre raffiné entre tradition et modernité.

Dieser traditionelle Palast in Indien ist das Resultat ausgereifter Proportion und vielfältiger Dachgestaltung.

Dette traditionelle palads i Indien er et resultat af bygningens vidunderlige proportioner og tagformens fine komposition.

La beauté du palais traditionnel de l'Inde tient à ses merveilleuses proportions et à sa superbe composition des formes des toits.

**(alle)** Verschiedene Ansichten der asiatischen Dachform.

**(alle)** Aziatische daken kenmerken zich door een diversiteit aan silhouetten.

**(tous)** Divers aperçus de la forme du toit asiatique.



Ein mit Konsole versehenes Giebeldach des Club Med Malediven.

Een zadeldak met een overkragende ligger, Club Med Malediven.

Un toit à pignons en porte-à-faux au Club Med des Maldives.

AUSDRUCK

# tropische dachgestaltung

**Das Dach ist eine der entscheidendsten Determinanten der Form. Es dient als Unterscheidungsmerkmal, erfüllt einen bestimmten Zweck und stiftet regionale Identität.**

EXPRESSIE

# tropische dak

**Een van de spannendste vormen in tropisch Zuidoost-Azië is het dak. Het brengt onderscheid aan, maakt voornaam en geeft impressies weer van de regio.**

EXPRESSION

# toit tropical

**Le toit est un des déterminants essentiels de la forme. Il confère intérêt et distinction, et donne des impressions inoubliables des caractéristiques régionales.**

Als prägendes Kennzeichen der südostasiatischen Architektur gewährt das Dach Schutz und vermittelt den Bewohnern ein grundlegendes Gefühl von Sicherheit, Ortsverbundenheit und symbolischer Identität.
In südostasiatischen Gesellschaften gelten das Haus und das Dach als animativ. Sorgfältig ausgeführte Schnitzereien, inspiriert von den inhaltsreichen Mythen und Symbolen der Kultur, verleihen der Berührung des Daches mit dem Himmel eine phänomenologische Bedeutung.
Das Dach ist eine der entscheidendsten Determinanten der Form. Es dient als Unterscheidungsmerkmal, erfüllt einen bestimmten Zweck und stiftet regionale Identität. Ferner spiegelt es die Funktion eines Gebäudes.
Zahlreiche zeitgenössische Architekten sprechen sich für eine Annäherung aus, die auf einer Verwendung einheimischer, aber neu miteinander kombinierter Elemente fußt. Aus ihren Werken spricht ein Gespür für die tropische Atmosphäre und ein aufrichtiges Streben nach neuen Ausdrucksformen, die die Baugrundstücke zweifellos aufwerten werden.



Het dak is in de Zuidoost-Aziatische architectuur een van de opvallendste structuren. Het dak biedt bescherming en geeft de bewoners een gevoel van zekerheid, een eigen territorium en symbolische identiteit.
In Zuidoost-Aziatische gemeenschappen worden het huis en het dak als bezielde eenheid beschouwd. De gedetailleerde houtsnijwerken waarmee ze zijn versierd, zijn gebaseerd op de mythologieën en andere culturele symbolen. Ze wijzen naar de fenomenologische betekenis van het dak dat de lucht «aanraakt».
Het dak is een van de meest spannende vormen. Het brengt onderscheid aan, maakt voornaam en geeft impressies weer van de regio. Ook weerspiegelt het de volle omvang en gebruik van een huis.
Vele hedendaagse architecten kiezen voor een benadering die baseert op het gebruik van inheemse elementen en nieuwe technieken om die toe te passen. De silhouetten van hun werk geven het dichterlijke karakter van de tropen weer en duiden op de intensieve speurtocht naar manieren om het unieke karakter van de locatie verder te versterken.

Trait dominant de l'architecture du Sud-Est asiatique, le toit offre un refuge et donne un sentiment fondamental de sécurité, de territoire et d'identité symbolique aux hommes qu'il abrite. Dans les sociétés d'Asie du Sud-Est, le toit et la maison sont tenus pour des entités animées.
Un toit orné de sculptures ouvragées, inspirées des mythes et des symboles de la culture, voit sa rencontre avec le ciel investie d'un sens phénoménologique.
Le toit est un des déterminants essentiels de la forme. Il confère intérêt et distinction, et donne des impressions inoubliables des caractéristiques régionales. Il reflète également l'étendue et la vocation d'un bâtiment.
De nombreux architectes contemporains prônent une approche fondée sur l'utilisation de composantes locales associées de facon nouvelle. Les lignes de leurs édifices expriment un sens de la poésie des tropiques, et une vraie recherche de nouvelles expressions qui mettent en valeur les sites qu'ils occupent.

Gästepavillion, Amanpuri Phuket, Thailand.
Een gastenpaviljoen op Amanpuri, Phuket, Thailand.
Bungalow de l'hôtel Amanpuri, à Phuket, en Thaïlande.

Privatvilla, Amandari, Bali, Indonesien.
Een privé-villa in Amandari, Bali, Indonesië.
Villa privée d'Amandari, à Bali en Indonésie.

«Ein grundlegendes Element aller Gebäude ist das Dach – schützend, markant und überaus bedeutend ... Allgegenwärtig, überaus präsent, der Maßstab beziehungsweise das Design geprägt von dem darunter liegenden Gebäude. Das Dach – seine Form, Maserung und Proportion – hat die größte visuelle Wirkung.»

- Geoffrey Bawa

«Een onveranderlijk element van alle gebouwen is het dak beschermend, doordringend, belangrijk ... Alomtegenwoordig, nadrukkelijk aanwezig, de maat van het gebouw eronder. Het dak – zijn vorm, textuur en proporties – is de sterkste visuele factor.»

- Geoffrey Bawa

«Le toit est une composante immuable de tous les bâtiments – fort, protecteur et essentiel ... La ligne du bâtiment qu'il abrite est omniprésente et pénétrante. Le toit – sa forme, sa structure et ses proportions – est le facteur visuel le plus puissant.»

- Geoffrey Bawa

**(links und rechts)** Die Ortgänge an den Giebelenden dieses thailändischen Daches sind verziert mit Blattgold.
**(links en rechts)** De vergulde daklijsten op de geveltoppen van dit Thaise dak bestaan uit gouden bladeren.
**(à gauche et à droite)** Au bas de ce toit thaï, les pignons en forme de proues sont dorés à la feuille d'or.

ÜBERLEITUNG

# durchgänge

**Räume fließen fast nahtlos vom Inneren ins Äußere und bilden dabei interessante intermediäre Schwellen und Zonen.**

ONDERBREKING

# overgangsruimtes

**Onderbrekingen helpen de ruimtes van binnen naar buiten te vloeien, zonder dat dit merkbaar is, en creëren daarbij interessante tussendomeinen.**

INTERVALLE

# espace de transition

**Les espaces circulent presque continûment de l'intérieur vers l'extérieur, créant des seuils intéressants et des domaines intermédiaires captivants.**

Die Ausdruckskraft eines Gebäudes in den Tropen resultiert aus der beständigen phänomenologischen Erfahrung des Inneren und Äußeren. Tropisches Leben spielt sich deshalb überwiegend in dieser Sphäre ab – dem schmalen Grad zwischen innen und außen, Privatem und Öffentlichem, Licht und Schatten. Die Umsetzung dieses Raumverständnisses war schon immer von entscheidender Relevanz in der Architektur der meisten Regionen Asiens.
Architektur kann als eine mit Leben erfüllte Kunst wahrgenommen werden – eine den Raum erschaffende Kraft im Licht, wo das Sein ein Diener des Nichtseins ist. Das Nichtsein manifestiert sich in Raumebenen als auch in Übergängen, die eine bedeutende Rolle im einheimischen Bewusstsein spielen. Sie ermöglichen, dass Räume gleichzeitig wahrgenommen werden können.
Traditionelle südostasiatische Architektur schafft Transparenz, ohne jedoch dabei die Privatsphäre zu beeinträchtigen. Zwischengeschaltete Elemente halten auf Distanz und grenzen ab. Filternde und richtungweisende Elemente, wie Wände, Gänge, Treppen und Schwellen, sind reizvolle Bestandteile der prächtigen traditionellen einheimischen Architektur. Gezielt eingesetzt, unterstützen sie den fast nahtlosen Übergang der Räume vom Inneren ins Äußere und bilden dabei interessante intermediäre Schwellen und Zonen.



De rijkdom van de tropische architectuur wordt bepaald door het voortdurende fenomenologische bewustzijn van binnen en buiten. Het leven in de tropen vindt dan ook in de ruimte tussen deze beide sferen plaats – op de smalle zijde dus van interieur en exterieur, van privé en publiekelijk, van schaduw en licht. De «tussenruimte» treft men in vrijwel alle delen van Azië aan en is van oudsher een spannend element dat medeverantwoordelijk is voor de ruimtelijke vormen van een huis.
Architectuur is bewoonde kunst – een ruimtescheppende activiteit in het licht, waar het massieve de leegte dient. Deze leegte komt tot uitdrukking in gestapelde lagen en in overgangsruimtes, die een belangrijk onderdeel vormen van het tropisch bewustzijn. Ze maken een gelijktijdige waarneming van andere ruimtelijke grenzen mogelijk.
In de traditionele Zuidoost-Aziatische architectuur wordt transparantie bereikt zonder daarbij het private of de besloten ruimte aan te tasten. Tussenelementen accentueren afstand en brengen onderscheidingen aan. Filterende en transitionele elementen, zoals tussenwanden, toegangspoorten, opstapjes en drempels, zijn prachtige architectonische elementen die men overal in deze traditierijke regio terugvindt.
Ze helpen de ruimtes van binnen naar buiten te vloeien, zonder dat dit merkbaar is, en creëren daarbij tussendomeinen.

La richesse d'un bâtiment des tropiques provient de la conscience phénoménologique constante de l'intérieur et de l'extérieur. La vie tropicale se passe en effet dans ce domaine de «l'entre-deux» – à la frontière ambiguë de l'intérieur et de l'extérieur, du privé et du public, de l'ombre et de la lumière. Dans la plupart des régions d'Asie, ce domaine intermédiaire a toujours été un élément crucial du vocabulaire des formes spaciales.

L'architecture peut être perçue comme un art habité – une création d'espace dans la lumière, où le solide est serviteur du vide. Le vide se manifeste par des espaces transitionnels et dégradés, qui forment une partie importante de la conscience tropicale. Ils permettent une perception simultanée des autres limites spaciales.

L'architecture traditionnelle du Sud-Est asiatique pavient à créer la transparence sans exclure la clôture et l'intimité. Interposer des éléments accentue la distance et la différence. Des éléments de filtre et de transition, comme les murs, les entrées, les seuils et les escaliers, sont d'agréables composantes de la riche architecture traditionnelle de la région. Élégamment disposés, ils aident les espaces à circuler continûment de l'intérieur vers l'extérieur, créant des seuils intéressants et des espaces intermédiaires captivants.

Ein schlichter Unterstand reicht für die meisten überdachten Gehwege schon aus, hier zu sehen in einem Haus in Singapur.

Een eenvoudige beschutting is het enige wat een overdekte loopbrug nodig heeft, zoals bij dit huis in Singapore.

La majorité des passages, vus ici dans une maison de Singapour, ne nécessitent qu'un abri simple.

Club Med Bali, Indonesien.
Club Med, Bali, Indonesië.
Club Med Bali, en Indonésie.

«Die Grenze ist nicht das, wobei etwas aufhört, sondern, wie die Griechen es erkannten, die Grenze ist jenes, von woher etwas sein Wesen beginnt.» - Martin Heidegger

«Een grens is niet waar iets ophoudt, maar, zoals de oude Grieken al wisten, dat waar iets begint zich uit te strekken.»
-Martin Heidegger

«Une frontière ne marque pas la fin d'une chose, mais, comme le reconnaissaient les Grecs, le début d'une nouvelle présence.»
-Martin Heidegger

Ein Treppe fungiert als Übergangszone. Regent Chiangmai, Thailand.

Regent Chiangmai, Thailand. Een architectonische trap fungeert als door- en overgang.

Le Regent Chiangmai, en Thaïlande – une architecture en gradins sert d'espace de transition.

Haus in Singapur.

Huis in Singapore.

Maison de Singapour.

Rundgänge verbinden die Innenräume mit der äußeren Umgebung.

Looppaden verbinden binnen en buiten.

L'intérieur et l'extérieur sont reliés par des voies de circulation.

«Sie bringen Sphären hervor, die unterschiedlich und dennoch von gemeinsamer Transparenz sind.»

«Ze roepen domeinen op die van elkaar verschillen maar die een gelijke transparantie delen.»

«Ils évoquent des domaines différents, mais qui partagent une transparence commune.»

Internal walkway in Lanna Spa, Chiang Mai, Thailand.

Corridor in Lanna Spa, Chiang Mai, Thailand.

Un corridor en Lanna Spa, Chiang Mai, Thailand.

ENTFALTUNG

# hallen

**Die Halle ermöglicht eine Bündelung der Eindrücke sowohl vom Innen- als auch dem außerhalb befindlichen Raum und stimmt ein auf das, was sich hinter ihr befindet.**

VOORTGANG

# hallen

**Een hal biedt de gelegenheid indrukken te verzamelen van de ruimtes binnen én buiten. Tevens verwijst ze alvast naar de ruimtes die nog betreden gaan worden.**

PROGRESSION

# entrées

**L'entrée permet de recueillir des impressions sur l'espace intérieur et extérieur, et elle laisse entrevoir ce qui se trouve derrière.**

Mit Eintritt und Voranschreiten in der Halle wird eine Vorahnung von den sich anschließenden Räumlichkeiten erzeugt. Ein Raum kann entweder von in sich geschlossenem, statischem oder aber offenem, einladenden Charakter sein. Letzterer entsteht durch eine kontinuierliche spielerische Entfaltung wechselnder Perspektiven; mal wird dem Betrachter ein freier Blick gewährt, mal wird der Blick verstellt. Die Halle trägt dazu wesentlich bei. Sie ermöglicht eine Bündelung der Eindrücke sowohl vom Innen- als auch dem außerhalb befindlichen Raum und stimmt ein auf das, was sich hinter ihr befindet. Wie ein Durchgang fungiert die Halle als Schnittstelle zwischen den einzelnen Räumen.

Een hal verwijst naar een ruimte die nog betreden moet gaan worden, een ruimte die er als het ware achter ligt. Ruimte laat zich manipuleren, tot iets groters of iets kleiners. Het gevoel ergens dóór te gaan, kan worden versterkt door een reeks zich ontvouwende en veranderende perspectieven, zodat je het plezier van afgrenzing én openbaring van een ruimte ervaart. De hal vormt een belangrijk onderdeel in deze ervaring. Hij brengt indrukken van binnen en buiten als het ware samen, en verraadt subtiel wat nog komen gaat. Net zoals een overgangszone is de hal een ruimte van onderbrekingen die ons door de verschillende ruimtes voert.

Un sentiment de progression suggère une ouverture sur une nouvelle partie de l'édifice. L'espace peut être modulé de manière à donner l'impression d'expansion et de statisme. Il peut être évoqué par un déploiement continu de perspectives changeantes, où le spectateur apprécie tour à tour les zones circonscrites et la découverte de nouveaux espaces. L'entrée joue un rôle important dans cette sensation. Elle permet de recueillir des impressions sur l'espace intérieur et extérieur, et elle laisse entrevoir ce qui se trouve derrière. Comme la zone de transition, elle forme un intervalle dans le passage conduisant à travers les espaces.

«Bewegliches oder Unbewegliches – alles, was den Raum erfüllt, gehört der Architektur an. Architektur erschafft sich selbst aus dem Raum, begrenzt ihn, schließt ihn, umfasst ihn.»

- Auguste Perret

«Verplaatsbaar of niet, alles wat ruimte inneemt behoort tot het domein van de architectuur. Architectuur bevestigt zichzelf vanuit de ruimte, begrenst haar, sluit haar af, omringt haar.»

- Auguste Perret



«Mobile ou immobile, tout ce qui occupe l'espace relève du domaine architectural. L'architecture se constitue en dehors de l'espace. Elle le limite, l'entoure et l'enferme.»

- Auguste Perret

The Datai, Langkawi, Malaysia - A richly furnished interior is conducive for rest.

世
余

Elephant
Wildlife

Ein Bassin im Wohnzimmer erzeugt eine sinnliche Atmosphäre.
Haus in Colombo, Sri Lanka, von C. Anjalendran.

Huis in Colombo, Sri Lanka. Het ontwerp is van C. Anjalendran.
Het zwembad in het midden van de woonkamer geeft rust.

Un bassin au milieu du salon créée un cadre paisible.
Maison à Colombo, au Sri Lanka, de C. Anjalendran.

Der Hauptwohnraum dieser Suite ist zweigeteilt, Regent Chiangmai, Thailand.

Regent Chiangmai, Thailand. De woongedeeltes van deze suite bevinden zich op twee niveaus.

Le Regent Chiangmai, en Thaïlande – Les grands espaces d'habitation de la suite sont répartis sur deux niveaux.

Ein restauriertes Kolonialhaus in Singapur.
Een gerestaureerd koloniaal huis in Singapore.
Maison coloniale restaurée à Singapour.

KOMMUNIKATION

# lounge

**Räume zur Entspannung und inneren Einkehr wie auch zur Zusammenkunft müssen notwendigerweise sowohl einer bestimmten Ordnung folgen als auch flexibel sein.**

COMMUNICATIE

# lounges

**Ruimtes voor beschouwing en ontspanning, plekken dus waar mensen graag bij elkaar komen, moeten zowel geordend zijn als flexibel.**

COMMUNICATION

# salons

**Les espace de détente, de réunion et de méditation doivent permettre à la fois l'ordre et la souplesse.**

Die Lounge dienen der Entspannung und inneren Einkehr, was entweder durch eine Abschirmung von der Außenwelt oder durch gezielt inszenierte Ausblicke nach draußen erreicht wird. Die Materialien, Farben sowie Maserungen des Mobilars und eine in sich stimmige Gestaltung sind von entscheidender Bedeutung für eine entspannte, lockere Atmosphäre. In der traditionellen südostasiatischen Architektur dienen zahlreiche Pavillions als Lounge. Sie sind auch von zentralem Stellenwert bei vielen Feriendomizilen und Privatresidenzen.

Lounges zijn ruimtes voor beschouwing en ontspanning, die kunnen worden bereikt door of een verhoogd bewustzijn van inperking van de ruimte, of door een doelbewuste compositie van de buitenwereld. De materialen, kleuren en texturen van de meubels en afwerkingen helpen nadrukkelijk om de gewenste sfeer van ontspanning en informaliteit te bereiken. In de traditionele architectuur van Zuidoost-Azië worden lounges vaak ontworpen op basis van tuinpaviljoens. Ook zijn ze dikwijls het centrale punt van resorts en privé-woningen.



Les salons sont des espaces de méditation et de détente, créés par une accentuation du sentiment d'intimité ou par une orchestration mesurée d'une vue sur le monde extérieur. Les matériaux, les structures et les couleurs des meubles et des finitions intérieures jouent un rôle majeur dans la création de ce sentiment de décontraction. Dans l'architecture traditionnelle du Sud-Est asiatique, beaucoup de salons sont conçus comme des pavillons extérieurs. Ils forment également le centre de nombreux hôtels et résidences privées.

«Die entscheidende Frage ist nicht 'Was', sondern 'Wie'. Die Frage, welche Waren wir produzieren oder welche Werkzeuge wir benutzen, ist keine Frage des Zeitgeistes.»

- Mies van der Rohe

«De belangrijkste vraag betreft niet het 'wat', maar het 'hoe'. Welke goederen we maken en wat voor gereedschap we gebruiken heeft niets te maken met spiritualiteitsvragen.»

- Mies van der Rohe



«La question importante n'est pas le 'quoi', mais le 'comment'. Les articles que nous produisons ou les outils que nous utilisons ne sont pas, par nature, empreints d'une valeur spirituelle.»

- Mies van der Rohe

Eingebaute Sitze entlang eines Gehweges, Novotel Lombok, Indonesien.
Ingebouwde stoelen in een lounge in Novotel Lombok, Indonesië.
Sièges intégrés dans une allée du Novotel Lombok, en Indonésie.

Ein schattiger Pavillion, Amanusa, Bali, Indonesien.
Een overdekt paviljoen in Amanusa, Bali, Indonesië.
Pavillon ombragé d'Amanusa à Bali, en Indonésie.

Ein Privathaus auf Bali, Indonesien.

Een privé-huis op Bali, Indonesië.

Maison privée à Bali, en Indonésie.

Eine Lounge im obersten Stockwerk eines Hauses auf Bali, Indonesien.
Een lounge op de bovenste verdieping van een huis op Bali, Indonesië.
Salon aménagé à l'étage supérieur d'une maison de Bali, en Indonésie.

Ein privat genutzter Pavillion ist gekennzeichnet durch Stoffvorhänge.

Een intiem tuinpaviljoen, weelderig behangen met doeken.

De luxueuses draperies accentuent l'intimité de ce pavillon.

Ein erhöht errichteter Pavillion inmitten eines Gartens, Bali, Indonesien.

Een paviljoen op een verhoging, in het midden van een watertuin. Bali, Indonesië.

Pavillon surélevé parmi les plans d'eau d'un jardin de Bali, en Indonésie.

BOROBUDUR

Die Verbindungen zur Außenwelt sind in dieser Privatlounge geschickt gelöst.

De relatie binnen-buiten wordt in deze lounge optimaal benut.

Dans ce salon privé, les rapports avec l'extérieur sont ingénieusement exploités.

In diesem intimen Ambiente genießt man von einem an einem Pool gelegenen Pavillion den Blick auf ein beeindruckendes Tal, Bali, Indonesien.

Een intiem zwembadpaviljoen met zicht over een prachtige vallei op Bali, Indonesië.

Dans ce cadre intime à Bali, en Indonésie, un pavillon au bord d'une piscine domine une somptueuse vallée.

KONVERSATION

# speiseräume

**Essen ist eine gemeinschaftlicher Akt. Speiseräume müssen deshalb einer Gesamtkonzeption folgen, die eine angemessene und den Genuss zusätzlich verstärkende Atmosphäre schaffen.**

CONVERSATIE

# eetkamers

**Eten is een gemeenschappelijke ervaring. Het ontwerp van eetkamers dient daarom elementen te bevatten die deze ervaring versterken en prikkelen.**

CONVERSATION

# restaurants

**Le repas est un acte social. L'agencement des espaces qui lui sont dévolus doit comprendre les éléments d'une toile de fond qui sert à intensifier et à mettre en valeur ce plaisir.**

Speisezimmer sind architektonische Paradestücke. In manchen Feriendomizilen sind sie konzipiert als Teil der Innenräumlichkeiten mit dennoch klarem Bezug zur Außenwelt. Häufig sind sie mit Blick auf das landschaftliche Panorama angelegt. Das Mobiliar, die Lichtverhältnisse und das Tischgeschirr bilden zusammen wichtige, den Gesamteindruck abrundende Elemente.

Eetkamers vormen de pronkstukken van de binnenhuisarchitectuur. In veel resorts zijn ze een deel van het hele interieur, terwijl ze ook perfect samengaan met het woongedeelte dat zich buiten bevindt. Vaak zijn ze verheven boven het landschap waardoor de eetgasten van een prachtig panorama kunnen genieten. Qua sfeer zijn eetkamers sterk afhankelijk van meubels, verlichting en tafelaankleding.



Les restaurants sont des créations architecturales. Dans de nombreux hôtels, ils sont conçus de manière à faire partie de l'environnement intérieur, tout en s'ouvrant abondamment sur l'extérieur. Souvent surélevés au-dessus du paysage, ces espaces permettent aux convives de jouir de vues panoramiques. Dans l'aménagement d'un restaurant, les meubles, la vaisselle et l'éclairage apportent ausi un complément essentiel au thème architectural.

«Ich persönlich liebe es in einem Zimmer zu essen, das auch anderen Aktivitäten offen steht.»

- Terence Conran

«Ik eet het liefst in kamers waar ook andere dingen gebeuren.»

- Terence Conran

«Personnellement, j'aprécie de manger dans une pièce ouverte sur d'autres activités.»

- Terence Conran

Restaurant, Regent Chiangmai, Thailand.

Restaurant in Regent Chiangmai, Thailand.

Restaurant du Regent Chiangmai, en Thaïlande.

Am Pool gelegene Essgelegenheit, Amanpuri, Thailand.

Eten direct aan het zwembad. Amanpuri, Thailand.

Espace de restauration informel au bord d'une piscine à Amanpuri, en Thaïlande.

Ein stilvoll eingedeckter Tisch unter einem Pavillion, Tanah Gajah, Bali, Indonesien.

Een weelderig aangeklede tafel in een paviljoen. Tanah Gajah, Bali, Indonesië.

Table raffinée au cadre ouvragé sous un pavillon de Tanah Gajah à Bali, en Indonésie.

**(links und rechts)** Speisesäle im Novotel Bali, Indonesien.
**(links en rechts)** Het eetgedeelte van Novotel Bali, Indonesië.
**(à gauche et à droite)** Vues de restaurants du Novotel Bali, en Indonésie.

Unter freiem Himmel zu speisen, lässt eine alte tropische Tradition neu aufleben.

Eten onder de sterrenhemel – een oud gebruik in de tropen.

Le dîner à la belle étoile fait revivre une vieille coutume des tropiques.

ENTSPANNUNG

# schlafzimmer

**Assoziationen von innerer Gelassenheit, Erholung und Ruhe hervorrufend stellen Schlafzimmer den Rahmen für besinnliche Stille dar und machen die phänomenologische Kraft eines schlichten Raumes erfahrbar.**

ONTSPANNING

# slaapkamers

**Slaapkamers bieden de noodzakelijke achtergrond voor ontspanning, stilte en beschouwelijke rust – en de fenomenologische ervaring van het bewonen' van een ruimte.**

RELAXATION

# chambres

**Évoquant des associations de calme, de repos et de sérénité, les chambres offrent un cadre à la détente contemplative et à l'expérience phénoménologique de la simple habitation de l'espace.**

Gelungene Schlafzimmer wecken Assoziationen von innerer Gelassenheit, Erholung und Ruhe. Sie bilden den Rahmen für besinnliche Stille und machen die phänomenologische Kraft des Raumes erfahrbar. Seiner Funktion entsprechend ist das Bett das wichtigste Möbelstück. Sein Rahmen und das Material spielen ferner eine entscheidende Rolle bei der Einrichtung. Und schließlich darf auch der Umgang mit den natürlichen und künstlichen Lichtquellen nicht unberücksichtigt bleiben.

Slaapkamers associëren we met stilte, en met uitrusten en ontspannen. Ze bieden de noodzakelijke achtergrond voor beschouwelijke rust en de fenomenologische ervaring van het bewonen van een ruimte. In deze plaats waar we regeneren en herstellen, is het bed het belangrijkste meubelstuk. De ombouw en het beddenlinnen spelen ook een niet te onderschatten rol in het ontwerp. De keuze van het kunstlicht 's avonds en het spel van natuurlijk licht overdag zijn eveneens belangrijke factoren.

Les chambres bien conçues évoquent des associations de calme, de repos  et de sérénité. Elles offrent le cadre essentiel à la détente contemplative et à l'expérience phénoménologique de la simple habitation de l'espace.  Le lit, retraite où l'on vient se régénérer, est ici le meuble principal. Ses matières et sa structure jouent aussi un rôle important dans l'aménagement. L'éclairage et le contrôle de la lumière du jour sont aussi des facteurs essentiels à considérer.

Amanjiwo, Java, Indonesien.
Amanjiwo, Java, Indonesië.
Amanjiwo, à Java, en Indonésie.

Amanpuri Resort, Phuket, Thailand.

Amanpuri Resort, Phuket, Thailand.

L'hôtel Amanpuri, à Phuket, en Thaïlande.

«Jegliche gute Architektur, die keine innere Ruhe ausstrahlt, versagt in ihrer spirituellen Vision.» - Luis Barragán

«Architectuur die geen sereniteit uitstraalt, mist spirituele visie.» - Luis Barragán

«Toute bonne architecture qui n'exprime pas la sérénité manque à sa vision spirituelle.» - Luis Barragán

(**links und rechts**) Diese Räume sind auch für asiatische Verhältnisse nahezu spartanisch.
(**links en rechts**) Ook naar oosterse maatstaven doen deze kamers Spart.
(**à gauche et à droite**) Même selon les critères asiatiques, ces pièces sont quasiment spartiates.

Die Innenausstattung eines kolonialen, schwarz-weiß eingerichteten Bungalows, Singapur.
Het interieur van een koloniale «zwart-wit»-bungalow in Singapore.
Intérieur d'un bungalow «en noir et blanc» à Singapour.

Eine sparsame, aber geschmackvolle Möblierung,
Galle Hotel, Sri Lanka, entworfen von Geoffrey Bawa.

Galle Hotel, Sri Lanka. Het ontwerp is van Geoffrey Bawa.
Het interieur is schaars maar smaakvol ingericht.

Le Galle Hotel, au Sri Lanka – Conçu par Geoffrey Bawa,
l'intérieur est meublé sobrement, mais avec goût.

BESINNUNG

# badezimmer

**Wasser ist ein Symbol für Reinheit und Meditation. In Asien ist es eng verknüpft mit Leben. Im häuslichen Bereich verbindet man mit ihm therapeutische Qualitäten wie auch schlichtes Badevergnügen.**

CONTEMPLATIE

# badkamers

**Water is een symbool van zuiverheid en meditatie. In Azië verbindt men het graag met leven. In huis genieten we van water als heilzame kracht, of gewoon om erin te baden.**

CONTEMPLATION

# salles de bains

**L'eau est un symbole de pureté et de méditation. En Asie, elle est associée à la vie. Dans le cadre de la maison, elle est associée aux vertus thérapeutiques et aux simples plaisirs du bain.**

Das Badezimmer ist ein Rückzugsort für elementare und therapeutische Genüsse. Im Freien befindliche Badewannen und Duschen erfreuen sich zunehmender Beliebtheit. Die Integration von Pflanzen und Licht hat ebenfalls dazu beigetragen, dass sich dieser einst hermetisch abgeschlossene Raum öffnet. Kombinationen von natürlichen Materialien mit ihren kontrastierenden Maserungen machen das Baden erst zum wahren Luxus – die Fühlbarkeit bekommt einen zentralen Stellenwert.

De badkamer is een oord van genoegen en therapeutisch genot. Badkamers en douches die zich buiten bevinden, worden steeds populairder. Dankzij planten en licht is de badkamer als een afgesloten cel definitief verleden tijd. Combinaties van natuurlijke materialen met hun contrasterende texturen voegen aan het baden een extra dimensie van luxe toe – klaar voor wie zich even helemaal wil overgeven aan rust.



La salle de bains est un refuge voué aux plaisirs thérapeutiques et élémentaires. Les bains et les douches en plein air deviennent de plus en plus courants, et l'introduction des plantes et de la lumière a contribué à ouvrir ce qui était jadis une boîte hermétique. Des alliances de matières naturelles aux textures constrastées font ressortir le vrai luxe du bain – un sens accru du toucher qui est un total abandon au plaisir tactile.

**(links und rechts)** Wandverkleidungen aus Holz im Badezimmer, Amanpuri Resort, Phuket, Thailand.
**(links en rechts)** Lambrisering in een badkamer van het Amanpuri Resort, Phuket, Thailand.
**(à gauche et à droite)** Murs d'une salle de bains en lambris à l'hôtel Amanpuri de Phuket, en Thaïlande.

Reichlich Platz bestimmt das Design, Tugu Hotel, Canggu, Bali, Indonesien.

Luxe badruimtes in het Tugu Hotel, Canggu, Bali, Indonesië.

Le Tugu Hotel de Canggu, à Bali, en Indonésie. Aménagement d'une salle de bains jouant sur des espaces de belles dimensions.

An das Badezimmer angrenzender Innenhof.
Open binnenplaats direct naast het bad.
Cour intérieure attenante à la salle de bains.

Ein kunstvoll gefertigtes Waschbecken.
Een fijngedetailleerd wasbekken.
Lavabo aux détails raffinés.

## ÖFFNUNGEN

# durchlässe

**Symbolisch gesehen sind Durchlässe von großer Bedeutung, denn sie markieren die unverhüllte Grenze zwischen der öffentlichen und der Privatsphäre.**

## TRANSPARANTIE

# openingen en doorgangen

**Op symbolische wijze representeren openingen en doorgangen de drempel tussen het privé-domein en het publieke.**

## PERFORATION

# ouvertures

**Les ouvertures ont une importance symbolique en ce qu'elles représentent les seuils visibles entre les domaines publics et privés.**

Es gibt unzählige Formen von Türen, Fenstern und anderen Durchlässen, die eine feste Wand durchbrechen. In den Tropen sind die Gebäude typischerweise mit vielen Durchlässen ausgestattet, um eine gute Luftzirkulation zu gewährleisten. Die Durchlässe fungieren nicht bloß als Ein- oder Ausgänge oder dienen der Licht- und Luftversorgung. Symbolisch gesehen sind sie von großer Bedeutung, denn sie markieren die unverhüllte Grenze zwischen der öffentlichen und der Privatsphäre.
Traditionell wird ihr Design von einer allegorischen Bildersprache geprägt. Durch üppige Schnitzereien, Vergoldungen und Intarsien fließen symbolische Motive in das Design dieser Architekturbestandteile ein. Heutzutage sind der Gestaltung von Durchlässen in Bezug auf Material und Farbgebung keine Grenzen mehr gesetzt. Sie haben nachweislich stimulierend auf den architektonischen Schöpfergeist gewirkt.



Deuren, ramen, doorgangen: het aantal soorten openingen in massieve wanden en muren is talrijk. Huizen in de tropen kenmerken zich door het grote aantal openingen die voor de nodige ventilatie zorgen. Maar openingen zijn meer dan alleen in- en uitgang of plaatsen waar lucht en licht naar binnen komen. Op symbolische wijze representeren ze de drempel tussen het private domein en het publieke.
Van oudsher worden openingen en doorgangen versierd met allegorische figuren en afbeeldingen. Houtsnijwerk en inlegwerk verweven symbolische motieven in het ontwerp van deze architectonische elementen. Heden ten dage wordt met het ontwerp van openingen en doorgangen eindeloos gevarieerd in materialen en kleuren. Ze blijken een stimulerende werking te hebben op de architectonische verbeelding.

Les portes, fenêtres, et autres ouvertures qui percent les plans solides des murs ont de multiples formes. Les bâtiments des tropiques sont typiquement très aérés pour favoriser la ventilation croisée. Les ouvertures ne servent pas seulement à l'entrée et à la sortie, à la pénétration de l'air et de la lumière. Elles ont une importance symbolique en ce qu'elles représentent les seuils visibles entre les domaines publics et privés.
Traditionnellement, des images allégoriques entrent dans l'ornementation des ouvertures. Riches sculptures, incrustations et dorures introduisent des motifs symboliques dans le dessin de ces éléments architecturaux. Aujourd'hui, le style des ouvertures est une source de variations infinies de matières et couleurs. Elles sont devenues un stimulant pour l'imagination architecturale.

Ein Gartentor auf Bali, Indonesien.

Een tuinpad op Bali, Indonesië.

Entrée de jardin à Bali, en Indonésie.

Ein ansprechender Hof in einem Geoffrey-Bawa-Haus, Sri Lanka.

Geoffrey Bawa ontwierp dit huis in Sri Lanka met een inspirerende binnenplaats.

Une cour riche en inspirations à Bali, en Indonésie.

Torweg eines balinesischen Hauses.
Een overdekt tuinpad ergens op Bali.
Encadrement de porte dans une maison balinaise.

Durch ein Gartentor führt bei diesem Haus ein Weg zum Strand, Bali, Indonesien.
Een tuinpad leidt de bezoekers naar het strandhuis. Bali, Indonesië.
Porte d'un jardin donnant sur la plage dans cette maison de Bali, en Indonésie.

«Jede Tür ist eine Grenze, die einen Bereich von einem anderen abtrennt, und zugleich eine Verbindung zwischen drinnen und draußen.» - Gretl Hoffmann

«Ledere deur vormt een grenslijn die ruimtes van elkaar scheidt maar ook binnen en buiten samenbrengt.» - Gretl Hoffmann

Junger Bambus schirmt das Innere diesen thailändischen Pfahlbaus ab.

Schermen van bamboe beschutten het interieur van dit Thaise huis dat op palen is gebouwd.

Le bambou sépare un espace d'un autre, cette à dire, l'intérieur et l'extérieur de cette maison thailandese.

«Chaque porte est à la fois une frontière qui sépare un espace d'un autre et un lien entre l'intérieur et l'extérieur.» - Gretl Hoffmann

Ein schlicht gerahmter Durchgang einer Privatresidenz, Sri Lanka.

Een muuropening met een eenvoudige omraming, Sri Lanka.

Encadrement de fenêtre empreint de simplicité dans une résidence privée au Sri Lanka.

Fenster am Ende von Fluren sind Teil der Innenraumgestaltung.

De ramen aan het einde van de corridors worden onderdeel van het interieur.

Les fenêtres au fond des couloirs participent de la composition intérieure.

Eine zentrale Tür führt in ein großzügiges Badezimmer im Four Seasons Estate, Bali, Indonesien.

Een centrale deur leidt naar deze ruime badkamer in het Four Seasons Estate, Bali, Indonesië.

Porte centrale donnant sur une salle de bains de belles dimensions au Four Seasons Estate à Bali, en Indonésie.

AUSDRUCKSKRAFT

# wasserspiele

**Der Mensch hat eine instinktive Sehnsucht nach Wasser in allen erdenklichen Formen – still und fließend, ruhig und wild, therapeutisch und sinnlich.**

REFLECTIE

# water

**Mensen hebben een aangeboren verlangen naar water – stilstaand en stromend, kabbelend en bruisend, heilzaam en sensueel.**

EXPRESSION

# plans d'eau

**D'instinct, l'homme tend à rechercher l'eau sous toutes ses formes: calme et mouvante, silencieuse et agitée, thérapeutique et sensuelle.**

Wasser ist sowohl die Wiege unserer Vorfahren als auch eine Quelle ästhetischen Vergnügens und therapeutischer Anwendungen. Ansprechende Außenanlagen wären unvollständig ohne Wasser, dessen primäre Funktion es ist, ein gesteigertes Naturbewusstsein zu erzeugen.
Als wesentlicher Bestandteil gegenwärtigen Landschaftsbaus kommt Wasser vor allem bei der Gartengestaltung zum Einsatz – als ein verspieltes oder meditatives Medium. Von Springbrunnen bis hin zu stillen Gewässern hat es eine kraftvolle Wirkung wie kein anderes landschaftsprägendes Merkmal.

Water is niet alleen onze voorvaderlijke wieg, maar ook de bron van schoonheid en therapeutisch middel. Tuinen zijn niet compleet als er geen water is. Het vergroot ons bewustzijn van de natuur.
In het moderne hovenieren wordt water volop toegepast als beleving en reflectie. Van fonteinen tot vijvers, met water zijn effecten mogelijk die krachtiger werken dan welk ander element ook.



L'eau, berceau ancestral, est aussi une source de plaisir esthétique et de vertus thérapeutiques. Les jardins d'agrément sont incomplets sans elle, et sa fonction première est d'évoquer une plus grande conscience de la nature.
Essentielle à l'aménagement des espaces contemporains, l'eau occupe une place prépondérante dans les jardins pour le jeu de ses reflets et pour sa présence vivante. Des fontaines aux étangs, l'eau offre un attrait plus puissant que tout autre élément du paysage.

«Wasser ist romantisch, sinnlich, schön, glücklich, stark, süß und frisch. Ruhe und Bewegung, begrenzt und ewig, Landschaft und Architektur, Wasser ist Leben.»

- Ricardo Legoretta

«Water is romantisch, sensueel, mooi, gelukkig, sterk, zoet en fris. Rust en beweging, tijdelijkheid en eeuwigheid, landschap en architectuur, water is leven.»

- Ricardo Legoretta



«L'eau est belle, romantique et sensuelle, heureuse et forte, douce et fraîche. Paisible et mouvante, éternelle et limitée, architecture et paysage, l'eau est la vie.»

- Ricardo Legoretta

Club Med, Bali, Indonesien, Kaskadenartige Wasserspiele.

Club Med, Bali, Indonesië, waterpartijen buiten.

Club Med à Bali, en Indonésie, jeux d'eau en cascades.

Club Med, Bali, Indonesien. Teiche prägen das Ambiente dieses Aufenthaltsbereiches.

Club Med, Bali, Indonesië. Het zwembad is het opvallendste element van het publieke gedeelte.

Club Med à Bali, en Indonésie. Les bassins forment l'élément central du plus grand espace public.

(**links und rechts**) Die beruhigenden, meditativen Qualitäten des Wasser kommen bei diesem Swimmingpool gänzlich zum Tragen, Amandari, Bali, Indonesien.

**links en rechts**) De rustgevende en reflectie biedende eigenschappen van water zijn duidelijk aanwezig in dit zwembad in Amandari, Bali, Indonesië.

(**à gauche et à droite**) L'eau, ses reflets et son calme, sont pleinement appréciés au bord de cette piscine balinaise à Amandari, Bali, Indonésie.

BETONUNG

# pools und strände

**Wasser, beispielsweise in einem Swimmingpool, ist eines der stärksten Gestaltungsmedien überhaupt, wenn es sorgfältig in die Umgebung integriert wird.**

ACCENTEN

# zwembaden en stranden

**Zwembaden zijn bijzonder opvallende landschapselementen, mits ze weloverwogen in hun context zijn aangelegd.**

ACCENTUATION

# bassins et plages

**Un plan d'eau, aménagé en piscine, peut être l'élément esthétique le plus irrésistible quand il est inséré avec art dans le cadre et le site.**

Pools dienen der Steigerung der Architektur und ihrer unmittelbaren Umgebung. In der Regel im Gartenbau angewandt bilden sie bei gekonnter Integration in den Kontext reizvolle Akzente. Eine Lage am offenen Meer verleiht ebenso jedem Raum einen kraftvollen Rahmen. Swimmingpools gibt es mittlerweile in unzähligen Formen – von freien bis hin zu strengen und modernistischen. Eine zusätzliche Steigerung erfahren sie schließlich noch durch die vielfältigen Möglichkeiten der Oberflächenbeschaffenheit, die von Mosaiken bis zu Glasfliesen reichen.

Zwembaden zijn ontworpen omdat ze de architectuur en de directe omgevingen kunnen verheffen. In tuinen vormen ze opvallende landschapselementen, mits ze weloverwogen in hun context zijn geplaatst. Ook dicht bij zee zetten ze nog steeds krachtige accenten. Tegenwoordig bestaan er zwembaden in allerlei maten en soorten, van speels en sober tot modernistisch aandoend. Hun uiterlijk kan extra worden verfraaid met behulp van mozaïeken en glazen tegels.



Les bassins sont conçus de façon à mettre en valeur l'architecture et son cadre. Généralement intégrés dans le plan des jardins, ils ont un attrait irrésistible quand ils sont insérés artistiquement dans l'environnement. De même, tout espace situé en bord de mer jouit d'une toile de fond magnifique.
Aujourd'hui, grâce à une prodigieuse diversité de styles, les formes des piscines peuvent être libres, modernistes, ou même austères. Leurs bassins peuvent être mis en valeur par des finitions multiples, qui vont des mosaïques aux carreaux de verre.

«Es ist immer eine Frage der Einstellung des Menschen zu seiner Umwelt, der Mensch im Angesicht der Erde, der Mensch im Angesicht des Himmels, der Mensch im Angesicht der Sonne – und das ist meiner Meinung nach die wahre Natur von Architektur.» - Mario Botta

«Het hele probleem laat zich samenvatten in de houding van de mens ten opzichte van zijn omgeving – de mens met vis-à-vis de aarde, de mens met vis-à-vis de lucht, de mens met vis-à-vis de zon –, en dat is naar mijn mening de ware aard van de architectuur.» - Mario Botta



«Tout se ramène toujours au problème de l'attitude de l'homme envers son environnement – envers la terre, le ciel, le soleil – et cela, à mon avis, est l'essence même de l'architecture.»

- Mario Botta

Der Strand von Amanpuri, Phuket, Thailand.

Het strand van Amanpuri, Phurket, Thailand.

Plage devant l'hôtel Amanpuri, à Phuket, en Thaïlande.

Ein zum Meer offener Pool, Mimpi Resort, Bali, Indonesien.

Een zwembad zonder verhoogde randen in Mimpi Resort, Bali, Indonesië.

Bassin aux bord infinis à l'hôtel Mimpi, à Bali, en Indonésie.

Novotel Lombok, Indonesien.

Novotel Lombok, Indonesië.

Le Novotel Lambok, en Indonésie.

Mimpi Resort, Bali, Indonesien.

Mimpi Resort, Bali, Indonesië.

L'hôtel Mimpi à Bali, en Indonésie.

«Gib' mir Luxus und ich werde bereitwillig auf die einfachen Dinge im Leben verzichten.»

- Frank Lloyd Wright

«Geef me de pure luxe van het leven en ik zal graag van de noodzakelijkheden afzien.»

- Frank Lloyd Wright

«Donnez-moi les luxes de la vie et je me passerai volontiers des nécessités.»

- Frank Lloyd Wright

Naturalistische Teiche sind in die Landschaft integriert, Novotel Lombok, Indonesien.

Novotel Lombok, Indonesië – Naturalistische zwembaden zijn geïntegreerd in het landschap.

Le Novotel Lambok, en Indonésie – Des bassins naturalistes sont intégrés dans le paysage.

Mimpi Resort, Bali, Indonesien.
Mimpi Resort, Bali, Indonesië.
L'hôtel Mimpi à Bali, en Indonésie.

Der Pool befindet sich direkt am Ayung Fluss in Ubud, Four Seasons Sayan, Bali, Indonesien.
Four Seasons Sayan, Bali, Indonesië. Het zwembad ligt direct naast de rivier Ayung in Ubad.
Le Four Seasons Sayan à Bali, en Indonésie. La piscine est située près de la rivière Ayung, à Ubud.

Novotel Lombok, Indonesien.
Novotel Lombok, Indonesië.
Le Novotel Lombok, en Indonésie.

Ineinander verschachtelte Pools findet man häufig in den balinesischen Feriendomizilen.
Zwembaden met meerdere terrassen vormen een vertrouwd beeld in de resorts op Bali.
Les plans d'eau à plusieurs niveaux sont fréquents dans les hôtels balinais.

Pool, Club Med Phuket, Thailand.
Het zwembad van Club Med, Phuket, Thailand.
Piscine du Club Med à Phuket, en Thaïlande.

EINSTIMMUNG

# landschaften und gärten

**Pflanzen definieren einen Raum, erzeugen Privatsphäre, fassen Ausblicke ein und schaffen eine aufregende Raumstruktur. In den Tropen sind Architektur und Landschaft untrennbar miteinander verknüpft.**

ANTICIPATIE

# landschappen en tuinen

**Planten verdelen de ruimte, bieden privacy, bepalen het uitzicht en creëren spannende ruimtelijke opeenvolgingen. In de tropen zijn architectuur en landschap onlosmakelijk met elkaar verbonden.**

ANTICIPATION

# jardins et paysages

**Les plantes, dans une conception architecturale, servent à définir l'espace, à offrir une intimité, à encadrer les vues et à créer de fascinantes successions spatiales. Dans les tropiques, l'architecture et le paysage sont indissolublement liés.**

Der Garten ist die Ausdrucksform für das Verhältnis von Mensch und Natur. In tropischen Regionen sind Gebäude nicht nur einfach Objekte in einer natürlichen Umgebung; Garten und Bauwerk ergänzen sich. So bietet ein schattenspendender Garten Ruhe und Erholung, während die Pflanzenwelt all die scharfen Kanten und Ecken eines Hauses umschmeichelt. Pflanzen definieren Raum, ermöglichen Privatsphäre, rahmen den Ausblick ein und schaffen eine faszinierende Raumaufteilung. Gärten verzaubern durch ihren besinnlichen Charakter, durch ihre Farbenpracht, durch Form und Komposition – und ganz besonders durch ihren Duft.

Tuinen drukken de duurzame relatie uit tussen mens en natuur. In de tropen zijn huizen meer dan alleen maar objecten in een landschap. Tuinen met schaduw bieden veel comfort. Planten verzachten de scherpe hoeken van muren. Ze verdelen de ruimte, bieden privacy, bepalen het uitzicht en creëren spannende ruimtelijke opeenvolgingen. Hun kleuren, geuren, vormen en composities brengen ons in verrukking en geven tuinen bekoorlijke en beschouwelijke dimensies.



Les jardins sont une expression vivante du rapport de l'homme avec la nature. Les constructions tropicales ne sont pas de simples objets au sein du paysage. Des jardins ombragés apportent du relief et les plantes adoucissent les angles des bâtiments, définissent l'espace, encadrent les vues et créent de fascinantes successions spaciales. Enchanteurs par leurs couleurs, leurs parfums, leurs formes et leur composition, les jardins ravissent aussi par leur atmosphère de contemplation.

«Ein Garten ist eine Konstruktion wie ein Roman von Dostojevsky oder Tolstoi. Sie verstehen es, eine Atmosphäre einzufangen, bestimmte Augenblicke dramatisch zu inszenieren, zu betonen. Im Garten ist es das Gleiche: Man lenkt den Betrachter so, dass er aus verschiedenen Blickwinkeln immer die gleiche Sache sieht.» - Burle Marx

«Een tuin is een constructie, net als een roman van Dostojevski of Tolstoj. Goede romans weten een sfeer te creëren, bepaalde momenten te dramatiseren, te accentueren. Met tuinen is het net zo: ze laten de toeschouwer dezelfde dingen zien vanuit verschillende perspectieven.» - Burle Marx



«Un jardin est une construction, comme un roman de Dostoïevski ou de Tolstoï. Ces auteurs savaient rendre un climat, donner une couleur dramatique, mettre l'accent. Il en va de même dans les jardins: on conduit le spectateur à voir la même chose sous différents angles.» - Burle Marx

Die Integration von Mauern in die Landschaft schafft abgeschirmte Bereiche.

Een combinatie van stukken van een muur en het landschap creëren een reeks van intieme ruimtes.

La fusion des pans de murs dans le paysage crée une série d'espaces intimes.

Regent Chiangmai, Thailand.
Regent Chiangmai, Thailand.
Le Regent Chiangmai, en Thaïlande.

Blick auf die entfernten Hügel, Regent Chiangmai, Thailand.
Zicht op de heuvels van Regent Chiangmai, Thailand.
Vue sur les collines à l'horizon depuis le Regent Chiangmai, en Thaïlande.

Reisterrassen, Regent Chiangmai, Thailand.
Rijstterrassen op Regent Chiangmai, Thailand.
Petites rizières en terrasses au Regent Chiangmai, en Thaïlande.

Teiche, in denen sich der Himmel spiegelt, lassen ihn so zu einem Teil der Landschaft werden.

Reflecterende zwembaden verbinden de hemel met het landschap.

Le ciel, par son reflet dans les plans d'eau, participe à la composition du paysage.

Der Hauptteich von Bali Hyatt, Sanur, Indonesien.
Het zwembad van het Bali Hyatt, Sanur, Indonesië.
La piscine centrale du Hyatt de Bali, en Indonésie.

Wasserlilien- und Lotusteiche findet man oft auf Bali, Indonesien.
Vijvers vol waterlelies en lotusbloemen zijn een vertrouwd beeld op Bali.
Les bassins décoratifs garnis de lotus et de nénuphars sont courants à Bali, en Indonésie.

Bäume gewähren einen wunderbaren Blickschutz.

Hier fungeren bomen als schermen die de privé-domeinen afgrenzen.

Les arbres sont utilisés comme écrans afin de protéger l'intimité.

Ausgedehnte Teiche bestimmen den Wegverlauf vieler asiatischer Grundstücke.

Grote waterpartijen bepalen de wandelroutes van tuinen en parken.

Dans beaucoup de complexes touristiques, en Indonésie, des vastes plans d'eau définissent des voies de circulation.

Pavillions zur Erholung bilden einen architektonischen Kontrast zur üppigen Landschaft.

Paviljoens vormen de architectonische tegenhangers in het weelderige landschap.

Des pavillons de repos servent de contrepoint architectural au paysage luxuriant.

Pergolen sorgen für Schatten am Pool.

Pergola's bieden schaduw aan het zwembad.

Des pergolas offrent leur ombre à la terrasse de la piscine.

PRIVATE
PRIBADI

Trittsteine in einem Lotusteich.

Stapstenen in een lotusvijver.

Chemin de dalles de pierres sur un étang garni de lotus.

Pflanzen schirmen offene Terrassen ab.

Planten geven privacy aan open terrassen.

Les plantes donnent une intimité aux gradins en plein air.

BELEUCHTUNG

# licht

**Die romantische Verbindung von Licht und Raum ist ein Grundprinzip der Architektur. Im tropischen Asien wird dies noch ergänzt durch die Fülle an Effekten, die durch die unterschiedlichen Eigenschaften von intensivem Licht hervorgerufen werden, sowie die Reduktion dieses Lichtes durch architektonischer Elemente.**

ILLUMINATIE

# verlichting

**De poëtische verbinding van licht en ruimte is een belangrijkste aspecten van de Aziatische esthetische tradities. De rijkdom aan effecten wordt bereikt door met de veranderlijke eigenschappen van licht te spelen.**

ILLUMINATION

# éclairage

**La fusion poétique de l'espace et de la lumière est considérée comme un principe de base de l'achitecture. En Asie, elle est complétée par la richesse des effets créés par les variations de l'intensité de la lumière, et par la soustraction de cette lumière par les éléments architecturaux.**

Die romantische Verbindung von Licht und Raum ist ein Grundprinzip der Architektur. Das Spiel mit Licht und Schatten nimmt einen großen Stellenwert im traditionellen asiatischen Verständnis von Ästhetik ein, was schließlich soweit geht, dass man eine Fülle an Effekten durch die unterschiedlichen Eigenschaften von Licht und dessen Reduktion durch architektonischer Elemente zu erzielen versucht. Schirme nutzt man meistens, um Licht zu zerstreuen und Schatten zu erzeugen, denn sie reagieren empfindlich auf Nuancen wechselnder Lichtrichtung und -intensität. So schaffen diese Schirme eine große Bandbreite an Oberflächenstrukturen und Ornamenten. Schnitzereien, wie jene der malaiischen, burmesischen oder thailändischen Architektur, veranschaulichen ferner, wie die südostasiatische Architektur das Spiel mit Licht und Schatten beherrscht.

De poëtische samensmelting van licht en ruimte wordt beschouwd als een van de meest basale leerstukken van de architectuur. Het manipuleren met licht en schaduw is een belangrijk aspect binnen de esthetische tradities van Azië. De rijkdom aan effecten wordt onder andere bereikt door met de veranderlijke eigenschappen van licht te spelen en de lichtinval af te zwakken door middel van diverse architectonische elementen. Zo worden er vaak schermen gebruikt, die het licht diffuus maken en waarmee schaduwen kunnen worden gecreëerd. Schermen reageren direct op nuances in lichtsterkte en de richting waaruit het licht komt, en kunnen zo ideaal worden toegepast voor verdere afwerking en versiering. Ook het beeldsnijwerk in dakranden, zoals we dat op Maleisië, Burma en Thailand aantreffen, illustreert het schaduwspel in de Zuidoost-Aziatische architectuur.

La fusion poétique de l'espace et de la lumière est considérée comme un principe de base de l'achitecture. Le jeu de l'ombre et de la lumière est aussi un aspect important des traditions esthétiques asiatiques. Créant une grande richesse d'effets en exploitant les variations de la lumière, il sert aussi à la masquer à l'aide des éléments architecturaux. Des écrans sont très souvent utilisés pour diffuser la lumière et pour créer des ombres. Sensibles aux changements de nuances dans l'orientation et l'intensité de la lumière, ils présentent une grande diversité d'ornements et de finitions. Les avant-toits découpés, comme ceux de l'architecture malaise, thaï et birmane, illustrent aussi le jeu des ombres dans l'architecture du Sud-Est asiatique.

Club Med Bali, Indonesien.
Club Med, Bali, Indonesië.
Le Club Med à Bali, en Indonésie.

Das Rayavadee, Krabi, Thailand.
De Rayavadee, Krabi, Thailand.
Le Rayavadee, à Krabi, en Thaïlande.

«Wie ein Musiker einen Ton aus einem Blasinstrument hervorbringt, so betonen Licht und Schatten die erstklassigen Qualitäten von Materialien – Qualitäten, die in Dunkelheit verborgen blieben.»

- Steven Holl

Haus in Singapur.

Huis in Singapore.

Maison à Singapour

«Comme le souffle d'un musicien dans un instrument à vent, l'ombre et la lumière font ressortir les riches qualités des matières, qualités qui gardent le silence dans l'obscurité.»

- Steven Holl

«Zoals de adem van de musicus in een blaasinstrument, brengen licht en schaduw de rijke eigenschappen van materialen tot leven, eigenschappen die rusten in het donker.»

- Steven Holl

Haus in Colombo, Sri Lanka.

Huis in Colombo, Sri Lanka.

Maison à Colombo, au Sri Lanka.

Kamandalu, Bali.

Kamandalu, Bali.

Le Kamandalu, à Bali.

Amanpuri Resort, Phuket, Thailand.
Amanpuri Resort, Phuket, Thailand.
L'hôtel Amanpuri à Phuket, en Thaïlande.

堂

世
余

SCHÖPFUNG

# kunst und bildhauerei

**Südostasien genießt den Ruf eines wahren Paradieses in Bezug auf seine angewandte Kunst, die eng mit der Religion in Verbindung steht.**

CREATIE

# kunst en sculpturen

**Zuidoost-Azië heeft de reputatie het paradijs van houtsnijwerk en toegepaste kunsten te zijn. Deze kunsten zijn nauw verbonden met de religieuze behoeften van de mensen.**

CRÉATION

# art et sculpture

**L'Asie du Sud-Est jouit d'une réputation de paradis pour ses arts appliqués, qui sont étroitement liés aux besoins religieux de ses peuples.**

Sammlungen von traditioneller Kunst und Antiquitäten vervollständigen die südostasiatische Inneneinrichtung. Veranschaulicht durch das allgegenwärtige Buddha-Bildnis verleihen sie jedem Raum eine sinnliche Würde. Darüber hinaus genießt Südostasien den Ruf eines wahren Paradieses in Bezug auf die architektonischen Holzschnitzereien und die angewandte Kunst, die eng mit der Religion der Menschen und einer Manifestation ihrer Liebe für Schönheit und funktionalen Erfindergeist verbunden sind. Handgefertigte Objekte von höchster Anmut werden in einer unglaublichen Bandbreite von Maserungen und Farben hergestellt, wobei althergebrachte Techniken angewandt werden. Eigenschaften der prächtigen traditionellen indischen und chinesischen Kunst verbinden sich oft mit den ethnischen Besonderheiten des jeweiligen lokalen Handwerks.

Collecties van traditionele kunst en antieke voorwerpen vullen het Zuidoost-Aziatische interieur verder aan. Zo keert vrijwel overal het beeld van Boeddha terug, dat aan iedere ruimte een aangename contemplatieve sfeer verleent. Zuidoost-Azië heeft ook de reputatie het paradijs van houtsnijwerk en toegepaste kunsten te zijn. Deze kunsten zijn nauw verbonden met de religieuze behoeftes en een uitdrukking van de liefde voor schoonheid en de vindingrijkheid van de makers. Fraaie, en nog volgens de traditie handgemaakte voorwerpen worden in een verbazingwekkende diversiteit van texturen en kleuren geproduceerd. Ook worden technieken uit de rijke artistieke tradities van India en China vermengd met de vaardigheden van lokale handwerkers.

Les collections d'art traditionnel et d'antiquités apportent un complément aux intérieurs du Sud-Est asiatique. Illustrées par l'image omniprésente du Bouddha, elles confèrent un air de grâce contemplative à tous les espaces. L'Asie du Sud-Est jouit aussi d'une réputation de paradis pour la variété de ses sculptures sur bois et pour ses arts appliqués. Étroitement liés aux besoins religieux de ses peuples, ces derniers sont aussi une manifestation de leur goût pour la beauté et pour la créativité fonctionnelle. Des objets artisanaux d'une grâce extrême sont produits dans une gamme étonnante de textures et de couleurs, en suivant des techniques traditionnelles séculaires. Des caractéristiques des riches traditions artistiques de l'Inde et de la Chine se mêlent souvent aux particularités ethniques de leur artisanat populaire.

(**alle**) Reizvolle Ansichten asiatischer Bildhauerkunst.
(**alle**) Deze oosterse beelden vormen prachtige silhouetten.
(**toutes**) Charmantes silhouettes de sculptures asiatiques.



Holzschnitzerei unter freiem Himmel.
Houtsnijkunst verfraait ook buitenlocaties.
Sculpture sur bois placée dans un site en plein air.

LUXUS

# details und maserungen

**Der Kunstkritiker Alvar Gonzalez-Palacios schrieb über seine Kunst «... wir rufen ins Gedächtnis zurück, dass das Geheimnis von Dichtung weniger im poetischen Objekt als vielmehr im Herzen des liebenden Dichters liegt.»**

WEELDE

# details en texturen

**De kunstcriticus Alvar Gonzalez-Palacios schreef over zijn kunst: «Laat ons in herinnering brengen dat het geheim van de poëzie niet zozeer in het poëtisch onderwerp schuilt, maar in het liefhebbende hart van de dichter.»**

PROFUSION

# détails et textures

**Le critique d'art Alvar Gonzales-Palacios écrit au sujet de ses œuvres: «(...) nous nous rappelons que le secret de la poésie réside non pas tant dans l'objet poétique que dans le cœur aimant du poète.»**

Die Individualität eines Gebäudes wird wesentlich bestimmt durch seine Details. Eine in Südostasien seit langem bestehende Architekturphilosophie besagt, dass die Beziehung zwischen dem Ganzen und einem Teil maßgeblich für die Schönheit eines Gebäudes ist. Die subtilen Proportionen vieler traditioneller Details schaffen wahre Blickfänge.
Fühlbar angenehme Oberflächen weiß jeder zu schätzen. Unbehandelte Materialien sprechen die Sinne an und bringen ihre wahre Qualität und ihr Alter zum Ausdruck. Zudem sind sie Zeugen der Zeit.
Eine der wesentlichsten Eigenschaften der Architektur ist die Ausdruckskraft ihrer eigenen Natur: Dem Gesetz der Schwerkraft trotzend vermag sie Elemente miteinander zu verbinden. Dieses Gespür für Tektonik und Fühlbarkeit, ein Teil dessen, was Vitruv unter firmitas versteht, ist in der einheimischen Architektur Asiens stark ausgeprägt. Inspiriert von der altehrwürdigen Schlichtheit traditioneller asiatischer Architektur und gepaart mit einer Neigung zum Fühlbaren besinnen sich heute viele in der Region tätige Architekten wieder auf die poetischen, formgerechten und den Tastsinn ansprechenden Qualitäten der asiatischen Architektur. In den derzeit wieder verstärkt sensitiven Arbeiten wird ein rücksichtsvoller und sinnlicher Umgang mit dem Material evident.



De eigenheid van een gebouw wordt voornamelijk bepaald door de details. In Zuidoost-Azië bestaat een oude filosofie die de verhouding tussen deel en geheel als de bepalende factor beschouwt van de schoonheid van een gebouw. De geraffineerde proporties van vele traditionele details zorgen voor een aantrekkelijk schouwspel.
Tastbare en prettige oppervlakken hebben ieders voorkeur. Ruwe materialen stimuleren de zintuigen en drukken hun stoffelijkheid en leeftijd uit. Tevens zijn ze de getuigen van de inwerking van de tijd en van het klimaat. Een van de intrinsieke kwaliteiten van architectuur is de uitdrukkingskracht van haar karakter. Bouwelementen worden samengebracht om de zwaartekracht te tarten. Het juiste gevoel voor architectonische kwaliteit en tastbaarheid – door Vitruvius firmitas genoemd – staat in de inheemse architectuur van Azië op een hoog peil. Geïnspireerd door de eenvoud van de traditionele Aziatische architectuur en de neiging naar het tastbare, maken veel regionale architecten een terugkeer naar het poëtische, naar het formele en naar de tastbare dimensies die deze architectuur kenmerken. Uit de recente, met veel gevoel ontworpen huizen spreekt een doordacht en gevoelig gebruik van materialen.

L'individualité d'un bâtiment résulte en grande partie de la somme de ses détails. Il existe, dans le Sud-Est asiatique, une philosophie architecturale très ancienne qui tient la relation entre le tout et la partie pour essentielle à la beauté d'un bâtiment. Les proportions raffinées de nombreux détails traditionnels créent un grand attrait visuel.

Les surfaces agréables au toucher peuvent être appréciées par tout le monde. Les matériaux, à l'état brut, stimulent les sens, et expriment aussi l'essence de leur âge et de leur matérialité. Ils témoignent également des effets des éléments et du passage du temps.

Une des qualités intrinsèques de l'architecture est l'expressivité de sa nature d'éléments de construction assemblés au défi de la gravité. Cette composante tactile et tectonique, qui participe de ce que Vitruve entendait par firmitas, est très développée dans l'architecture locale asiatique. Inspirés par la simplicité séculaire de l'architecture asiatique traditionnelle, et par une propension à privilégier le sens tactile, un grand nombre d'architectes exerçant aujourd'hui dans la région retournent nettement aux dimensions poétiques, formelles et tactiles de l'architecture asiatique. Les bâtiments contemporains les plus délicatement conçus font preuve d'une exploration réfléchie et sensuelle des matériaux.

«Ein gelungenes Gebäude hat alles, was es braucht, und nichts, was es nicht haben muss.»

- Aldo van Eyck

«Un bâtiment bien conçu est un bâtiment doté du nécessaire et dénué du superflu.»

- Aldo van Eyck

«Een geslaagd gebouw heeft wat het moet hebben
en heeft niet wat het niet moet hebben.»

- Aldo van Eyck

Kontrastierende Maserungen bei Türöffnungen.

Textuurcontrasten in portieken.

Contrastes de textures dans des embrasures de portes.

# ausblick
# nawoord
# conclusion

Traditionelle Architektur resultiert aus den Grundbedürfnissen des Menschen und seiner schwierigen Beziehung zu Gesellschaft und Umwelt. In einer Zeit, in der die reale Welt zunehmend in den Cyberspace überzugehen scheint, ist der explizite Wunsch nach einer Rückbesinnung auf die Vergangenheit vielleicht verständlich. Es ist von entscheidender Bedeutung herauszufinden, wie bedeutende einheimische Archetypen – die sich über eine lange Zeit hinweg entwickelt haben – neu interpretiert und auf modernes Wohnen angewandt werden können.

Das zunehmende ökologische Bewusstsein wie auch die ideologische Suche nach den nationalen Wurzeln sind derzeit viel diskutierte Themen. Regionalismus wird als Gegenspieler zur alles vereinheitlichenden Kraft moderner Architektur und als Manifestation der Identität verstanden. In Südostasien erkennen immer mehr Architekten den dringenden Bedarf, in das Design bislang unberücksichtigt gelassene kulturelle Inhalte zu integrieren und eine nationale oder sogar regionale Identität zu formulieren. Um das Traditionelle im Modernen neu zu erschaffen, wenden sich die Architekten der einheimischen Architektur zu und beziehen hieraus ihre Inspiration. Der Begriff «einheimische Architektur» ist der am meisten gebrauchte, aber am wenigsten verstandendste in der Region. Aus den einheimischen Werken, die in ihrer Essenz «eine Architektur ohne Architekten» sind, können Architekten Grundlegendes lernen. Diese zeitlosen einheimischen Bauwerke wurden ausnahmslos von anonymen Handwerken unter Anwendung lokaler Techniken und Materialien errichtet. Sie sind ideal an das extreme Klima und die Besonderheiten der Umgebung angepasst und reflektieren angesammeltes Wissen und kollektive Schöpferkraft.

Die Ablehnung des imagistischen Gebrauchs von Symbolen bedeutet keine Ablehnung von Tradition. Architektur trägt zur Tradition durch den kontinuierlichen Prozess der Umgestaltung bei. Jüngste Projekte in Asien haben sich diesbezüglich als bemerkenswert erfolgreich erwiesen. Beispiele bedeutender regionaler Arbeiten bezeugen einen hohen Grad der Zusammenarbeit zwischen den Architekten und den einheimischen Handwerkern.

Traditionele architectuur is het resultaat van elementaire menselijke behoeften en de ingewikkelde relaties van de mens met de maatschappij en zijn omgeving. De moderne architectuur daarentegen is een gebied waar de werkelijke wereld steeds meer lijkt samen te vallen met de cyberwereld; de nadrukkelijke wens om terug te keren naar het verleden is daarom begrijpelijk. Het is fascinerend om te zien hoe inheemse archetypen – waarvan sommige zich reeds lang geleden ontwikkelden – opnieuw kunnen worden uitgelegd en toegepast op het moderne leven.

Vandaag de dag wordt veel gesproken over ecologisch bewustzijn en de ideologische zoektocht naar de eigen nationale wortels. Regionalisme wordt beschouwd als tegenbeweging op de globaliserende en unificerende krachten van de moderne architectuur, een uiting van identiteit dus. In Zuidoost-Azië delen steeds meer architecten de urgente en niet onderdrukbare behoeften die het gevolg zijn van een verwaarloosde culturele introspectie. Zij zijn daarom op zoek naar formules om nationale of zelfs regionale identiteiten in hun ontwerpen in te bouwen. Om het traditionele in het moderne op te nemen, laten architecten zich steeds meer door de inheemse, traditionele architectuur inspireren.

«Inheemse cultuur» is in Azië een van de meest gebruikte maar tegelijk ook slechtst begrepen termen. De inheemse constructies, die je «architectuur zonder architecten» zou kunnen noemen, zijn voor jonge architecten als een soort van nieuwe basislessen. Inheemse bouwwerken hebben zich door de geschiedenis heen als waardevolle schuilplaatsen bewezen. De materiaalkeuze en bouwmethoden van talloze anonieme vaklieden waren zo goed, dat er al die tijd nauwelijks iets aan hoefde te worden verbeterd. Inheemse woningen zijn perfect aangepast aan klimaat en locatie en stralen de complete wijsheid en collectieve voorstellingen van een gemeenschap uit. De afwijzing van het beeldende gebruik van symbolen betekent niet dat de traditie in zijn geheel wordt afgewezen. In het proces van voortdurende verandering draagt architectuur bij aan het instandhouden van de traditie. Een aantal recente projecten in Azië zijn in dit opzicht zeer succesvol. Voorbeelden van opvallende regionale bouwwerken over de hele wereld demonstreren een hoge mate van samenwerking tussen architecten en inheemse vaklieden.

L'architecture traditionnelle est née des besoins de l'homme et de ses rapports complexes avec l'environnement et la société. En un temps où le monde réel tend à se sublimer dans le cyberespace, un désir explicite de retour au passé peut paraître compréhensible. Il est essentiel d'étudier comment les principaux archétypes indigènes – ceux qui se sont développés à travers les siècles – peuvent être réinterprétés et appliqués à la vie moderne.

Ajourd'hui, les questions portant sur l'accroissement de la conscience écologique et la quête idéologique sont amplement débatues. Le régionalisme apparaît comme une manifestation d'identité, et comme un courant en réaction à la force universalisatrice de l'architecture moderne. Dans l'Asie du Sud-Est, un nombre croissant d'architectes de tendances opposées ont aussi éprouvé le besoin urgent et irrépressible de se livrer à une introspection culturelle jusqu'alors négligée, et la nécessité d'exprimer dans leurs créations des identités nationales ou régionales. Pour recréer la tradition dans la modernité, les architectes se tournent vers l'architecture locale pour y puiser des sources d'inspiration.

Le terme d'«architecture locale» est un des mots les plus couramment utilisés, mais aussi un des moins bien compris, dans la région. Les constructions locales, qui sont par essence une «architecture sans architectes», donnent beaucoup de leçons élementaires aux architectes. Ces abris ont toujours été construits par des artisans anonymes, avec des techniques et des matériaux régionaux. Les habitations des indigènes sont bien adaptées à leur climat extrême et au cadre particulier de leur environnement. Elles reflètent les images collectives et la sagesse antique de leur société. Le rejet de l'usage allégorique des symboles n'implique pas un rejet de la tradition. L'architecture contribue à la tradition dans un processus de transformation continuelle. En Asie, un certain nombre de projets récents témoignent à cet égard d'une réussite frappante, et de grands édifices régionalistes font preuve d'un haut niveau de collaboration entre les architectes et les artisans indigènes.

# bibliografie
# bibliografie
# bibliographie

Shelley-Maree Cassidy, *A Place to Stay*, Conran Octopus Limited, 2000.

David Collins, *New Hotel*, Conran Octopus Limited, 2001.

Kenneth Frampton, *Studies in Tectonic Culture*, MIT Press, 1995.

Paul-Alan Johnson, *The Theory of Architecture: Concepts, Themes & Practices*, Van Nostrand Reinhold, New York, 1994.

Hasan Uddin Khan, *Charles Correa*, Concept Media, Singapore, 1987.

Anthony King, ed., *Culture, Globalization and the World-System*, Macmillan, London, 1991.

David Lowenthal, *The Past is a Foreign Country*, Cambridge University Press, Cambridge, 1985.

Robert Maxwell, *Sweet Disorder and the Carefully Careless*, Princeton Architectural Press, New York, 1993.

Steven Holl, Juhani Pallasmaa, Alberto Perez-Gomez, *Questions of Perception - Phenomenology of Architecture*, A+U Architecture & Urbanism, Tokyo, July 1994.

Juhanni Pallasmaa, «Six Themes For The Next Millennium» in *The Architecture Review*, July 1994.

Juhani Pallasmaa, «An Architecture of the Seven Senses» in *Questions of Perception*, A+U Architecture and Urbanism, July 1994 Special Issue.

David Robson, *Geoffrey Bawa: The Complete Works*, Thames and Hudson Ltd, London, 2002.

Ismail Serageldin, *Space For Freedom: The Search For Architectural Excellence in Muslim Societies*, Butterworth Architecture, London, 1989.

Christian Norberg-Schulz, *Genius Loci: Towards a Phenomenology of Architecture*, New York: Rizzoli International Publications, Inc., 1980.

Tan Hock Beng, *Tropical Architecture and Interiors*, Page One Publishing Pte Ltd, Singapore, 1994.

Tan Hock Beng, *Tropical Resorts, Page One Publishing Pte Ltd*, Singapore, 1995.

Tan Hock Beng, *Tropical Retreats: The Poetics of Place*, Page One Publishing Pte Ltd, Singapore, 1996.

Tan Hock Beng, *Tropical Paradise*, Page One Publishing Pte Ltd, Singapore, 2000.

Jun'ichiro Tanizaki, *In Praise of Shadows*, translated by Thomas J. Harper and Edward G. Seidensticker, Charles E. Tuttle Company, Inc, Tokyo, 1990.

Brian Brace Taylor, *Geoffrey Bawa*, Concept Media, Singapore, 1986.

# bildnachweis
# beeldverantwoording
# crédits photographiques

All photos by Tan Hock Beng except those listed below:

**075** Bill Bensley
**122** Bill Bensley
**144-145** Grahacipta Hadiprana
**200-201** Hotel Tugu, Bali
**202-203** Waka Group
**259** Bill Bensley
**263** Bill Bensley
**268-269** Bill Bensley
**274** Bill Bensley
**277** Bill Bensley
**284-285** Bill Bensley
**340-341** Yori Antar / courtesy of Andra Matin
**378-379** Jimmy Lim

# danksagung
# dankbetuigingen
# remerciements

Die vorliegende Arbeit ist im Wesentlichen eine Erweiterung der erstmals 1994 erschienenen Publikation Tropical Architecture and Interiors, die ursprünglich als eine schlichte Auswahl von vielen Tausend Fotografien konzipiert war, die der Autor während seiner Reise durch Asien aufnahm. Es ist eine unglaublich reichhaltige Region voller kultureller und architektonischer Kostbarkeiten. Diese Publikation leistet einen Beitrag zum wachsenden Literaturbestand und der Bildersprache tropischen Designs. Viele Menschen haben ihre Zeit und ihr Wissen mit mir geteilt. Ihr Rat, ihre Unterstützung und ihre Freundschaft waren von unschätzbarem Wert. Viele meiner Reisen wurden wesentlich einfacher und stressfreier durch den Einsatz meines Studioteams, allen voran meines Managers Lenny Wiria Wibowo und meiner Assistentin Lizzy Lim. Das Buch entstand zur selben Zeit wie Pleasures of Resort Living. Meinem Team verdanke ich, dass die Bücher gleichzeitig fertiggestellt werden konnten. Allen voran danke ich meinem Verleger Mark Tan, der den Anstoß dazu gab, die alten Ideen wieder aufzugreifen und mich davon überzeugte, trotz meines engen Terminplans an dem Buch weiter zu arbeiten. Dank für ihre hervorragenden Leistungen gilt auch meinem Lektor Kelley Cheng, den Grafikern und Textern Jacinta Neoh, Wong Chai Yen, Ang Hwee Chuin und Selina Lim – alle von Page One Publishing. Zu besonderem Dank bin ich Bill Bensley, Jirachai Rengthong, Brian Sherman, Lek Bunnag, Louisa Bunnag und Melvyn Goh verpflichtet. Dank für die Unterstützung gilt ferner unter anderem Paiboon Damrongchaitam, Winita Wiranaruk, Heng Lee Kwang, William Lim, Lena Lim, Kwok Kian Woon, Jonathan Moult, Ines Noe, Karan Grover, Kerry Hill, Rolf Hubner, Sunshine Wong, Michael und Michaela Muller, Dino Barre, Sinatra Arto Hardy, Ken Yeang, Anura und Sundarika Ratnavibhushana, Andra Matin, Jimmy Lim, Indra Leonardi, Everett Dowling, Mei Lee Wong, Brian Ige und Don Fujimoto.

Ich danke auch all jenen, die meine Reisen und meine fotografischen Arbeit vor Ort erleichtert und zu einem angenehmen Erlebnis gemacht haben, zu nennen sind vor allem Bill Heinecke, Lee Sutton, Royal Rowe, Putu Indrawati, Rainata Tjoa, Christine Galle, Edwin Yeow, Maisy Koh, Ilkin Ilyaszade und Ketut Siandana. Ganz inniger Dank gilt meiner Familie: Maria, Brent und Gale. Wie immer waren sie die treibende Kraft.

Tan Hock Beng | Singapur, November 2002

Deze collectie is voor het grootse deel een uitbreiding van Tropical Architecture and Interiors (oorspronkelijke uitgave 1994), een selectie van de duizenden foto's die de auteur tijdens zijn reizen door Azië heeft gemaakt. Deze ongelooflijk rijke regio kenmerkt zich door zijn schitterende bouw- en woonlocaties en zijn brede palet aan bouwvormen. De verzameling is een verdere bijdrage aan het nog altijd groeiende aantal publicaties over Zuidoost-Aziatische ontwerpen. Veel personen hebben mij bij dit boek met hun kennis geholpen. Hun adviezen, steun en vriendschappen zijn van onschatbare

waarde. Het vele reizen is aangenamer en gemakkelijker gemaakt dankzij de hulp van het studioteam, in het bijzonder Lenny Wiria Wibowo en Lizzy Lim. Dit boek werd tegelijk gemaakt met Pleasures of Resort Living. Ik dank het team daarom voor de hulp bij het uitbrengen van twee boeken tegelijk. Met name dank ik mijn uitgever, Mark Twan die mij het oorspronkelijk idee voorstelde en mij overtuigde aan het boek te blijven werken, ondanks mijn volle agenda. Ook dank ik mijn redacteur, Kelley Cheng en de ontwerpers en schrijvers, Jacinta Neoh, Wong Chai Yen, Ang Hwee Chuin en Selina Lim – allemaal van Page One Publishing – voor hun inzet. Speciaal bedank ik Bill Bensley, Jirachai Rengthong, Brian Sherman, Lek Bunnag, Louisa Bunnag en Melvyn Goh. Tot verdere steun waren Paiboon Damrongchaitam, Winita Wiranaruk, Heng Lee Kwang, William Lim, Lena Lim, Kwok Kian Woon, Jonathan Moult, Ines Koe, Karan Grover, Kerry Hill, Rolf Hubner, Sunshine Wong, Michael en Michela Muller, Dino Barre, Sinatra Arto Hardy, Ken Yeang, Anura en Sundarika Ratnavibhushana, Andra Matin, Jimmy Lim, Indra Leonardi, Everett Dowling, Mei Lee Wong, Brian Ige en Don Fujimoto.
Mijn bijzondere dank gaat verder uit naar zo veel anderen die ervoor hebben gezorgd dat het reizen en fotograferen een stuk makkelijker en aangenamer werden, met name Bill Heinecke, Lee Sutton, Royal Rowe, Putu Indrawati, Rainata Tjoa, Christine Galle, Edwin Yeow, Maisy Koh, Ilkin Ilyaszade en Ketut Siandana. Ten slotte dank ik mijn familie: Maria, Brent en Gale. Zij waren de stuwende krachten achter het voltooien van al mijn boeken.
Tan Hock Beng | Singapore, november 2002

Cette collection est avant tout une extension de Tropical Architecture and Interiors. Publiée pour la première fois en 1994, celle-ci était originellement conçue comme une simple collection d'images choisies parmi les milliers de photographies rapportées par l'auteur de ses voyages en Asie. Cette région incroyablement riche a fourni au drame humain les cadres scéniques les plus sublimes, et la poésie universelle de ses formes architecturales. Par ses nouvelles publications, la collection ne cesse d'ajouter à la documentation des textes et des images sur le style tropical. Beaucoup de gens n'ont pas ménagé leur temps pour me faire partager leurs profondes connaissances. Leurs conseils, leur soutien et leur amitié m'ont été précieux. Un grand nombre de mes voyages ont été facilités et rendus moins stressants par toute l'équipe de mon atelier, et notamment par mon directeur de bureau Lenny Wiria Wibowo et par mon assistante Lizzy Lim. Ce livre a été réalisé en même temps que Pleasures of Resort Living. Je remercie donc les mêmes personnes qui m'ont aidé à finir simultanément les deux livres. En premier lieu, j'aimerais remercier mon éditeur, Mark Tan, qui a une fois de plus lancé les premières idées, et m'a persuadé de continuer à travailler à cet ouvrage en dépit de mon emploi du temps chargé, ainsi que mon directeur de collection, Kelley Cheng, les créateurs et auteurs Jacinta Neoh, Wong Chai Yen, Ang Hwee Chuin et Selina Lim – tous à Page One Publishing – pour avoir fait ce qu'ils font si bien. C'est sur eux que reposent les fondations de ce livre. Je dois aussi une reconnaissance particulière à Bill Bensley, Jirachai Rengthong, Brian Sherman, Lek Bunnag, Louisa Bunnag et Melvyn Goh. D'autres m'ont fourni une tribune et un appui, dont Paiboon Damrongchaitam, Winita Wiranaruk, Heng Lee Kwang, William Lim, Lena Lim, Kwok Kian Woon, Jonathan Moult, Ines Noe, Karan Grover, Kerry Hill, Rolf Hubner, Sunshine Wong, Michael et Michaela Muller, Dino Barre, Sinatra Arto Hardy, Ken Yeang, Anura et Sundarika Ratnavibhushana, Andra Matin, Jimmy Lim, Indra Leonardi, Everett Dowling, Mei Lee Wong, Brian Ige et Don Fujimoto.
J'aimerais aussi témoigner ma gratitude à de nombreuses personnes qui ont facilité et agrémenté mes voyages et mes séances de photographie. Parmi eux, je voudrais remercier notamment Bill Heinecke, Lee Sutton, Royal Rowe, Putu Indrawati, Rainata Tjoa, Christine Galle, Edwin Yeow, Maisy Koh, Ilkin Ilyaszade et Ketut Siandana. Et surtout, ma reconnaissance va aux membres de ma famille : Maria, Brent et Gale. Ils ont été, comme toujours, le moteur puissant qui a porté la réalisation de chaque livre.
Tan Hock Beng | Singapour, novembre 2002